ETHEREUM

La Máquina Virtual Inteligente

Iván Calderón

El Mundo Celeste, es radicalmente diferente, eterno e incorruptible y por lo tanto, está constituido por un elemento totalmente diferente: El Éter.

ARISTÓTELES, EL ESTAGIRITA.

CONTENTS

CONTENTS

Autor: **Iván Calderón**.
Diseño de Portada: **Iván Calderón**, with Freepik: Freepik: Free Vectors, Stock Photos & PSD Downloads and Inkscape: https://inkscape.org/ /
Contacto: lit3rario@gmail.com

¿PARA QUIÉN ES UN BRIEF LOOK?

E l término Brief Look, es un anglicismo que se utiliza para designar la elaboración de un documento escrito, contentivo de "una mirada breve y especializada" en torno de un determinado tema. En el caso que nos convoca, el autor se enfoca en crear una *Síntesis Conceptual* que permita trazar un *Mapa Cognitivo,* en torno de la denominada *Cuarta Revolución Industrial.* En tal sentido, se presentan una serie de *Documentos Literarios Esenciales* que bajo la denominación *Brief Looks,* pretenden colaborar con el desarrollo de un nuevo *Modelo de Autoaprendizaje* para el joven lector de habla hispana, en un también nuevo contexto postglobal, globalista y supranacional.

LA NUEVA ERA DEL QUINTO ELEMENTO

Es a partir del muy cercano siglo XIX, cuando el Éter comienza a ser considerado en el ámbito científico, tan sólo como una Teoría. Sin embargo, para los antiguos, era un Elemento constituyente de nuestra Materialidad, tan Real como el Agua, el Aire, el Fuego y la Tierra; de hecho, para una de las mentes más grandes y privilegiadas que ha desandado por esta dimensión, Aristóteles, el Éter era "el Quinto Elemento" que componía, "en esencia", todos los demás elementos del Mundo Terrestre.

En la *Geometría Sacra*, la *Forma del Éter* es la del *Dodecaedro* que, además, es también el "Quinto Elemento" de los *Sólidos Platónicos*. Como dato curioso, para los *Alquimistas* el *Éter* era el componente fundamental de la *Piedra Filosofal;* la cual, como bien sabemos es esa *sustancia alquímica* que se preciaba de poder trocar los metales viles como el *Plomo*, en metales nobles como el *Oro*.

En la *Antigua Grecia,* el *Éter* fue tratado, sobre todo, por los *Estoicos;* al día de hoy, en tanto los *Científicos* modernos retoman sus estudios sobre el *Éter Lumínico y el Movimiento Cuántico,* los *Filósofos* y *Sabios* orientales, han hablado desde hace siglos del *Akasha* y el *Prana;* los cuales, se refieren en místico conjunto, a esa *Esencia Vital* que reside en todas las *Formas de Vida*.

Es además evidente, la impresionante semejanza que existe entre la descripción del *Éter Lumínico,* contenida en las antiguas escrituras hindúes, con el comportamiento de las actuales *Ondas Lumínicas* que estudia la *Ciencia* occidental. Durante el siglo XVII, en Europa, el *Éter* se propuso como parte de una *Teoría Ondulatoria de la Luz* y al día de hoy, existen investigaciones científicas, por ejemplo, en Irán que lo analizan desde una perspectiva *Atómica*.

El *Éter*, es una forma de *Energía* que fluye como una *Frecuencia,* de manera constante por todo el *Cosmos* y se asume en las antiguas culturas, como la *Matriz de Transferencia* de toda la *Información* que circula por el *Medio Ambiente*. Pese al fuerte antagonismo de la *Idea del Éter* con la *Teoría de la Relatividad,* de manera paradójica es considerado, en la *Mecánica Cuántica,* como el *Medio donde la Materia se Crea*.

Sir Isaac Newton, solía manifestar un íntimo desprecio, por las "acciones a distancia" y que implican la existencia de un místico *plenum* que en lugar del fatídico "vacío", "llenaba" todo el "espacio".

Sin embargo, para Renato Descartes, la mera y más que evidente **existencia** de "cuerpos" que se "distancian" unos de otros, implica la **presencia** de un "medio" entre los mismos.

En el año 1887, Albert Abraham Michelson y Edward Morley, llevaron a cabo el *Experimento de Michelson y Morley;* considerado como la "primera prueba científica", en contra de la existencia del Éter. Con posterioridad, es con la *Relatividad Restringida* de Albert Einstein, como el *Éter* comienza a ser epistemológicamente "ignorado" en la *Ciencia* moderna; por cuanto, en su teoría, si bien Einstein no rechaza la *Idea del Éter* y no "niega su existencia", igual, tampoco lo "necesita". Además, con su postulado de que "todo es relativo y se mueve", es apenas lógico que una sustancia *Inmutable, inmóvil* y *Absoluta,* pues, le estorbara un poco.

El descubrimiento de las *Ondas Electromagnéticas,* constituyó uno de los más caros logros de la humanidad y al mismo tiempo, planteó uno de los más grandes enigmas de la Ciencia moderna:

¿Cuál es el *Medio* que hace posible la *Transmisión* de estas *Ondas*?

El origen del *Concepto de Onda,* lo encontramos en el *Estudio de las Oscilaciones de los Medios Elásticos;* así mismo, el verbo "ondular", supone la existencia de un *Ente que Ondula,* en un *Medio de*

Transmisión.

Desde la década de los años 20 del pasado siglo XX, el *Éter* "no existe para la Física"; con lo cual, el *Medio* por donde *Ondulan y se Desplazan las Ondas Electromagnéticas* que son además, el fundamento vibracional de todo cuanto existe, es también un "misterio".

Al día de hoy, aceptamos y vemos como "incuestionable", la existencia de un "Espacio Absoluto", un "Tiempo Absoluto", mas no, de un *Éter Absoluto*. Sin embargo, cada vez que utilizamos por ejemplo nuestro *Smartphone*, para enviar un *Mensaje de Voz* a través, por, ejemplo de la Apps WhatsApp, tomamos con "absoluta naturalidad" el que podamos "hablarle a una tablilla de plástico" y que, desde allí, nuestra voz "viaja a través del aire", hasta otra tablilla de plástico que la reproduce.

En el año 2000, la Universidad de Cornell, en los Estados Unidos, publicó el *Estudio Eisntein-Aether Waves,* de los Investigadores T. Jacobson y D. Mattingly; donde el *Éter,* es tratado como "un Campo Vectorial Unitario, similar al Tiempo".

Ethereum, es un *Protocolo Blockchain* que retoma la idea del *Éter,* ahora como una *Forma de Valor y Verdad Universal* que reposa "dentro" de una *Entidad Virtualizada* e *Inmanente;* la cual, está llamada a ser el *Supercomputador* que ha de gestionar todos los aspectos que competen a la *Normatividad Jurídica y de Contratación,* en el nuevo *Ecosistema Humano-Máquina* de la *Cuarta Revolución Industrial.*

Pareciera así que el *Éter,* retorna hasta nosotros, ya no envuelto en la obscuridad, el misticismo y la polémica cuántica. Ahora, es una forma real de *Valor Criptográfico* que, a su vez, vuelve a ser ese *Espacio Inmutable,* por donde han de viajar entre ondas electromagnéticas, nuestras nuevas *Formas Postglobales y Supranacionales de Contratación, Comercio y Gobierno,* en esta nueva *Era del Quinto Elemento.*

ETHEREUM ES BLOCKCHAIN

Ethereum, es una Plataforma Descentralizada de Criptovalor que introduce una Segunda Fase de Implementación de la Tecnología Blockchain, como lo es la Contratación Inteligente. En tanto Base de Datos Distribuida, además de contener las Transacciones de una Criptomoneda, caso de la Red Bitcoin, Ethereum permite "escribir y guardar" una serie de Códigos Computacionales -Programas- que establecen Mecanismos de Contratación y Jurisprudencia, regidos mediante Algoritmos y a los cuales, se les conoce al día de hoy como Contratos Inteligentes. La Criptomoneda que circula por la Red Ethereum, llamada Éther -ETH, es, además, el "combustible" para la Creación de Activos dentro de la Plataforma.

Blockchain es una *Tecnología Exponencial,* cuya traducción al castellano sería: "Cadena de Bloques", la cual, es la base de *Criptomonedas* como el *Bitcoin* y en el caso que ahora nos convoca, *Ethereum.*

Se denomina "Cadena de Bloques", debido a que todas las *Transacciones* son "grabadas" dentro de una serie de *Archivos de Texto Plano* que se "encadenan", mediante un tipo de *Objeto Computacional* que simula un "Bloque". Visualiza en tu mente, cómo en un ángulo de 90 grados, una serie de hojas de cálculo se entrecruzan y fusionan, hasta crear un "Cubo"; eso, es lo que se entiende por "Bloque".

A su vez, estos "Bloques" contienen también:

- *Las últimas Transacciones realizadas.*
- *El Hash: Un Número Serial Criptográfico que identifica el Bloque y lo "une" con los anteriores.*
- *Un Nonce: Un número aleatorio, arbitrario y "de un sólo uso", vital en la Comunicación Criptográfica para la Verificación de las Operaciones y evitar los "ataques de repetición", donde se "reutilizan" las comunicaciones antiguas.*

Esta "Cadena", como todas las demás, viene unida por una serie de "eslabones" que, en su caso, son *Funciones Programáticas Hash;* las cuales, fungen como *Identificativos,* a través de los cuales se aplica la *Criptografía,* en distintos *Bloques.* La "Conexión en Cadena", se debe a las prestaciones del *Hash del Bloque Anterior;* al disponer de este *Bloque* y saber su *Hash,* podremos saber también, cuál es el siguiente *Bloque* y gracias a que se trata de una *Función Criptográfica,* el "encadenamiento" es seguro.

Del mismo modo, dentro de la *Tecnología Blockchain,* funcionan los *Árboles Hash Merkle;* donde se almacena *Toda la Información de Todas las Transacciones* que han ocurrido en la *Cadena de Bloques,* la cual, tiene un primer bloque, llamado "Bloque Génesis"; desde donde han de surgir los demás Bloques.

Es a partir de ese momento, cuando todas las demás *Transacciones* que ocurren en esta *Red Blockchain,* se guardan en los venideros *Bloques.* Finalmente, el *Nonce* es un *Sistema Matemático* que tiene como función, proveernos el *Hash* del nuevo *Bloque* que se va a crear.

Otro de los pilares de esta tecnología es la "Minería" que consiste en inscribir, en un *Libro Mayor de Contabilidad Virtualizado y Público,* todas las *Transacciones* que han ocurrido en el decurso de la "Historia" de la *Cadena de Bloques,* a fin de verificar y comprobar si se han realizado de manera correcta y que no han intentado *vulnerar la Red Blockchain.*

Además del sector *Bancario* y *Financiero,* donde esta Tecnología tiene una "relación amor-odio", *Blockchain* será útil en ámbitos como la *Medicina,* el *Derecho,* la *Ingeniería* y sobre todo el *Sector Gobierno;* debido a su *Transparencia* en la gestión que permite verificar todas las transacciones realizadas, en el momento que se precise. Esta Tecnología es además *Rastreable*, es decir, que se pueden seguir todas las *Transacciones de la Cadena,* en cada momento y lugar donde han ocurrido, algo que, sin lugar a duda, ha de revolucionar el transporte, tanto de carga como de personas.

Lo que hace de *Blockchain* una *Tecnología Exponencial y Disruptiva,* son las posibilidades reales de *Descentralización* en la *Gestión de la Información* que aporta con su *Arquitectura Distribuida P2P;* con ello, crea un nuevo *Modelo* o *Paradigma de Mercados Descentralizados, Supranacionales* y además *Persona-a-Persona* que no requieren la intervención de "un tercero de confianza".

Todo el uso de esta tecnología se basa en la *criptografía;* con lo cual, las *verificaciones* y la *seguridad* son de muy alto nivel. En tanto *Redes Telemáticas,* existen *Blockchains* "privadas" y "públicas"; las primeras, son utilizadas por bancos comerciales y empresas privadas y las segundas, son las *Blockchains* de las *Criptomonedas* que ya conocemos, como *Bitcoin* y *Ethereum.*

EL TODO, DENTRO
DE TODOS

Ethereum es real y consiste en una Estructura Virtualizada, compuesta por millones de Computadores, Servidores y otros Terminales, interconectados entre sí; de una manera bastante similar, a las células que nos componen. Así como nuestras células tienen "instalado" un "código genético", los terminales que componen la Estructura Virtualizada de Ethereum, tienen también instalado un Código Informático que funciona como una Máquina Virtual.

Con esta *Máquina Virtual, Ethereum interconecta* todos los *Terminales* que componen su *Red* y hace que establezcan "relaciones" entre sí mismos "como iguales". Las *Células* en los *Organismos Vivos,* se *relacionan* de la misma manera, es decir, "como iguales". De allí, por ejemplo, la *Multipotencia Celular* que es la *Capacidad* que tienen las *Células Embrionarias* de *Comunicarse, Segmentarse* en grupos, para luego *Desarrollarse* y configurar *Órganos Especializados.*

En el caso de *Ethereum*, esta *Máquina Virtual* hace que todos los terminales que componen la *Red de Ethereum*, contengan las mismas *Reglas* ya prescritas, con lo cual, se crea "un solo computador virtualizado y distribuido" que "como un Todo", se replica a sí mismo y en su completa *Totalidad*, "dentro" de "Todos" y cada uno de los *Computadores, Servidores* y demás *Terminales* conectados a la *Red;* a esto, es a cuanto le conoce como la *Máquina Virtual Ethereum -Ethereum Virtual Machine-.*

Ethereum, es una Máquina Virtual que actúa frente a instrucciones únicas y que ejecuta comportamientos bien definidos.

Una *Máquina Virtual,* es pues, un *Software* que se ha diseñado para crear una "capa de emulación" de lo que es realmente un *Computador.* En términos más simples: *Es una Computadora que se ha fabricado sólo con Software.* En tal sentido, esta "Máquina Virtual" que es en verdad *Ethereum,* al emular "todas las funciones de un computador", puede recrear procesos como la *Memoria RAM, Virtualizar Discos Duros, Tarjetas de Red,* incluso para videojuegos; en fin, cualquier dispositivo de *Hardware* que estás acostumbrado a "ver, oler y tocar".

Ethereum, aparte de la *Base de Datos Transaccional,* cuenta con un *Sistema de Comunicación Seguro,* llamado *Whisper* que facilita la interacción entre *DApps;* tiene un *Sistema de Ficheros,* como cualquier computadora y al final del día, si todos los miembros de la *Red de Ethereum* tienen instalada en la *Base de Datos Transaccional,* la misma *Copia* de una *Máquina Virtual;* es como si también, todos tuviesen un mismo "Disco Duro".

Dado que la *Máquina Virtual* funciona como un "Sistema Operativo", más que una plataforma, *Ethereum es un Supercomputador Universal Inmanente.*

Gracias a esta condición de *Máquina Virtual,* es posible dentro de la *Blockchain de Ethereum* y a diferencia del *Bitcoin, Programar Instrucciones;* para de allí, ejecutar cuanto se conoce popularmente y al día de hoy como *Contratos Inteligentes.*

DE ETHERNET A ETHEREUM

Así como en los albores de la Primera Revolución Industrial, las personas de la época asistieron impresionadas, a la construcción de las primeras Locomotoras de Vapor que eran en verdad, enormes monstruos que sin duda, habrían incluso de atemorizar a estas buenas gentes; al día de hoy, en Ethereum asistimos a la construcción del primer Supercomputador Universal que a diferencia de la sólida y ruidosa locomotora, es completamente silencioso y abstracto.

Ethereum, es una Blockchain Pública que consta de una Base de Datos, donde es posible Instalar Programas que funcionan como Contratos Inteligentes, dentro de un Supercomputador Universal.

Al *Instalar un Programa en Ethereum,* éste mismo, se ejecuta en absolutamente todos los *Nodos,* lo cual, lo hace completamente público. De allí que en *Ethereum,* como en todas las *Blockchains,* se "guardan" transacciones, mas, no *Información; en todo caso, ésta misma* se "Representa". Así, como una segunda fase en la implementación de la *Tecnología Blockchain,* complementaria al *Bitcoin,* tenemos en *Ethereum:*

Una Base Datos Distribuida y Mundializada, en la cual, todos los Terminales "trabajan juntos" y es posible "Representar Activos" dentro, para luego proceder a Intercambiarlos en una Internet del Valor.

Hasta la llegada de los *Contratos Inteligentes,* los *Programas* se *Instalaban* solamente en los *Servidores,* no así, "en la Internet".

Ahora, gracias a la *Tecnología Blockchain*, existen gigantescas *Redes de Nodos* con un muy alto nivel de *Seguridad y Resiliencia* que incluye incluso, el uso de *Algoritmos Post-cuánticos*.

La *red Internet* que utilizamos al día de hoy en casa y que se mueve a través de los cables de fibra óptica, funciona por "capas" que vienen a ser "niveles de conectividad" que de manera progresiva, la *Información* debe "alcanzar", a fin de "transitar" por la Red; pues bien, la *Capa Dos,* curiosamente, tiene por nombre *Ethernet,* el cual, es un estándar de Red de Área Local para Computadores, Servidores y otros Dispositivos que utilicen el Algoritmo de Acceso Compartido, llamado CSMA/CD que vendría a significar:

Acceso Múltiple por Escucha Portadora y Detección de Colisiones.

Todo este largo nombre, nos quiere decir simplemente que los dispositivos, sean estos mismos: *servidores*, *computadores* o incluso *smartphones*, antes de emitir "paquetes de información", determinan si el canal está disponible para ser utilizado.

Ethernet es también un estándar que define, tanto las características del cableado de una Red como los *Formatos de la Trama de Datos del Nivel de Enlace del Modelo OSI -Open System Interconnection-* que es a su vez, el *Paradigma de Interconexión de los Sistemas Abiertos.*

Como dato complementario, en las conexiones físicas de las Redes Ethernet, se utiliza el cable UTP con el conector RJ45; dos verdaderos "clásicos de la conectividad".

Los elementos que componen a una Red Ethernet son:
1. *La Tarjeta de Red.*
2. *Los Repetidores.*
3. *Los Concentradores.*
4. *Los Conmutadores.*
5. *Los Puentes.*
6. *Los Nodos de Red.*
7. *Y el Medio de Interconexión.*

Ahora bien, aquello que diferencia a todos los dispositivos que están conectados en la Red, unos de otros, es la **Tarjeta de Red** que contiene una "dirección única" para cada uno. De este modo, con independencia de cuántos dispositivos se conectan a una Red, todos tienen así su "identificación"; tal cual, los automóviles, las motocicletas y hasta tu documento de Identidad.

Para que puedas navegar por Internet y hacer uso de sus prestaciones, el *computador, tablet, smartphone* o en general, el dispositivo que tengas, contiene una *Tarjeta de Red con una identificación que viene del estándar Ethernet;* necesaria para que éste mismo, en tanto "Terminal", se "Integre" a toda la *Red Internet,* mediante una *Dirección IP* única.

Es bastante probable que también hayas escuchado alguna vez hablar del *Cable Ethernet* que como su nombre lo indica, es un cable que, al día de hoy, conecta los dispositivos con *Puerto Ethernet* y viene a ser esa pequeña ranura cuadrada, ubicada en la parte posterior de la mayoría de las *computadoras, blurays, switches, routers, reproductores de DVDs, LCDs, LEDs, consolas de videojuegos* y que en las *laptops* se ubica a los costados, junto con los Puertos USB.

A diferencia de los puertos USB, un *Puerto de Cable Ethernet* es bastante similar a una entrada tradicional de teléfono, sólo que con una ranura un poco más ancha. Además de intensificar la señal, la conexión a través del *Cable Ethernet* es mucho más segura y estable que el Wifi; sobre todo, al momento de transmitir datos de un dispositivo a otro. Este cable, permite aprovechar al 100% el ancho de banda de la conexión, algo que no pasa con el Wifi.

Es así, como en la *Capa Dos* de conectividad funciona, sin que el común de la gente se entere, una *Red Ethernet* que también va "creando bloques", sólo que en su caso de *Gigabytes;* además de *Redes WLANs -Wireless Local Area Network-,* por sus siglas en lengua inglesa, una expresión que se traduciría al castellano como: *Redes de Área Local Inalámbricas.*

A diferencia de lo ocurrido con las *Redes ATM* que fueron desplazadas por el *estándar Ethernet,* en el caso que ahora nos convoca, *Ethereum* no hará lo mismo con *Bitcoin;* por cuanto:

1. Con *Bitcoin,* hablamos de una *Primera Capa de Comunicación Blockchain* que se creó para "replicar digitalmente al Oro"; no obstante, como *Base de Datos* es bastante

limitada en sus prestaciones.

2. Con *Ethereum*, en lugar de crear *Redes Privadas Virtuales -Redes WLAN-* como en el *estándar Ethernet,* se hará algo bastante similar; en tanto, cada *Corporación, Empresa, Persona Natural o Jurídica,* podrá *Crear* su propia *Cadena de Bloques Privada,* a las cuales, se accederá a través de su respectivo *Portal de Identidad.*

Con el *Monedero de Ethereum,* se podrá:

- *Crear Contratos con cualquier otro particular, en el preciso momento de tomar la decisión. Es posible así, por ejemplo, "pagar una casa al instante".*
- *Emitir un voto, en una Base de Datos Transaccional que funcione como un Registro Universal Abierto y Transparente.*
- *Crear Productos Financieros, como Futuros y Acciones.*
- *Crear Valor, a lo cual, se le llama "Tokenizar"; por ejemplo, un Caficultor puede convertir su Producción, en un Instrumento Financiero o incluso una Moneda.*
- *Es factible crear un Mercado de Activos y Contratos Inteligentes; donde se intercambie, por ejemplo, café por kilovatios/hora.*

Lo antes descrito, tendrá implícito un *Gasto de Máquina - GAS;* cuyo costo, será cancelado mediante el *Éther -ETH* que además de ser la *Criptomoneda de la Blockchain Ethereum,* es la *Unidad de Pago para la Creación de Valores, Monedas y Contratos.*

Cada "Acción" a ser ejecutada dentro de *Ethereum,* tiene un *Coste en la Criptomoneda Éther.* Así las cosas, *Ethereum* es la *Máquina Virtual Universal,* donde se crearán *Plataformas Especializadas* en todas aquellas transacciones y acciones legales que día con día, ejecuta el usuario final; sea bien, desde pagar un inmueble, hasta cancelar los impuestos, una consulta médica o una cena en un restaurante. De allí que exista una singular relación, entre el estándar *Ethernet* y *Ethereum;* dado que al final del desarrollo de *Ethereum,* así como al día de hoy la mayoría de los usuarios tienen un acceso muy simplificado a la *Internet;* de la misma manera, lo tendrán a todo este tipo de tecnologías computacionales que serán, además, financieras.

¿QUÉ ES UNA MÁQUINA DE TURING?

Los primeros prototipos computacionales, eran más "artefactos" que "equipos" propiamente dichos; pues, se constituían por enormes máquinas que automatizaban los procesos de cálculo, como los Rodillos de Neper, por ejemplo, un instrumento que podía multiplicar, al basarse en sumas y que fue construido por el Matemático escocés John Neper, mejor conocido por la invención de los Logaritmos en 1614.

Luego de esta primera etapa, vinieron las *Máquinas Programables,* como, por ejemplo, la *Máquina Diferencial-Analítica* del profesor Charles Babbage, ideada hacia 1812. Sin embargo, el Concepto que de verdad habría de revolucionar toda esta historia, es el del *Computador de Programa Almacenado;* en el cual, la *Memoria* no sólo guarda *Datos*, sino además los *Programas* que el *Autómata* ejecuta. Llegamos así, a la *Arquitectura de Von Neumann* que incluso es la que al día de hoy mantienen los computadores que usas:

- Una *Unidad Central de Procesos, Central Processing Unit - CPU.*
- Una *Memoria Central.*
- Dispositivos de *Entrada/Salida.*

Esta *Arquitectura* que se implementó durante la década de los años 40 del pasado siglo XX, sería la base para la concreción de la *Máquina Universal de Turing.*

En el año 1936 el Matemático inglés Alan Turing, definió un *Modelo Matemático de Computación* que, en teoría, era capaz de resolver cualquier *Problema Computacional.* Así, no era necesario crear una máquina para resolver cada problema computacional, en tanto la "Máquina de Turing" era de alcance "Universal". Para ese momento, en pleno auge del desarrollo de los *Medios Industriales Mecanizados,* se consideraba necesario crear una máquina física para cada proceso.

Alan Turing, en lugar de una "máquina física", crea un "sistema computacional abstracto" que puede resolver, no cualquiera, sino todos los *Problemas Computacionales;* eso sí, no es posible saber "¿cuánto tiempo?" tomará hacerlo. Tratar de romper un *algoritmo criptográfico* como el que soporta al *Bitcoin*, por ejemplo, es posible para la computación actual, sólo que puede tardar, literalmente, "millones de años".

La *Informática*, como se conoce al día de hoy es, en gran medida, posible gracias a la *Máquina Universal de Turing;* pues, no sólo es la base de los actuales computadores personales, además, es el *Modelo* para el desarrollo de los nuevos *Supercomputadores Virtualizados y Distribuidos de Alcance Planetario,* como es el caso de *Ethereum.* Una *Máquina Universal de Turing*, está compuesta por los siguientes elementos:

- Una *Cinta* tan larga como se necesite o imagine, dividida en pequeños cuadrados, tal cual, la secuencia de fotogramas de una película que hará las veces de la *Memoria* y sobre la que es posible escribir *Símbolos.*
- Un *Cabezal*, como la *aguja* que utilizan los Djs para escrachar sus vinilos, capaz de moverse por toda la cinta de derecha a izquierda y viceversa; además de leer y escribir símbolos sobre la *Cinta.*
- Un *Programa Cifrado,* escrito en la *Cinta* y que le "diga" al *Cabezal*, aquello que debe "hacer".

Con tan sólo estos tres elementos, la mente maravillosa de Alan Turing, fue capaz de imaginar la *Computadora* actual, casi cien años antes de que ésta misma existiera y no sólo eso; desarrolló, también, los *Principios de la Teoría de la Computación* y hasta llegó a "pensar" en la actual *Inteligencia Artificial.*

Imagina ahora que esa *Cinta*, está escrita con "ceros" y

"unos" y sobre éstos mismos, "corre" el "cabezal de lectoescritura".
Los "ceros" y "unos", según un *Programa*, le indican al "cabezal de
lectoescritura" hacia dónde *moverse* y *qué hacer* cuando encuentre
"ceros" y "unos", es decir, son los *Datos*. De este modo, es posible,
por ejemplo, *imprimir un dibujo*. Aquello que se "mueve", dentro de
la *impresora* es un "cabezal", al cual, un *programa* le indica dónde
debe y no-debe colocar un punto de color y además cuál color.

Los actuales *computadores*, todos sin excepción, simulan esa
Cinta con su *Memoria;* el *Microprocesador*, sería el *Cabezal* o la *Aguja*
del Dj que se encargaría de *leer los Programas*. Este mismo principio, se utiliza así para todo aquello que un *computador* sea "capaz
de hacer"; con la inclusión de la actual *Impresión 3D* y los *Contratos
Inteligentes*.

Este grandioso genio Matemático, fue víctima en vida de
una cruel persecución, como consecuencia de su homosexualidad.
El 8 de junio de 1954, se le halló muerto en su casa en Manches-
ter; junto a su cama, se encontró una manzana a medio morder,
rociada con Cianuro. Si su deceso fue un suicidio o un accidente, es
aún un misterio; al día de hoy, se mantiene además la leyenda que
cuenta cómo la "manzana de Apple", es un merecido homenaje al
divino genio de Alan Turing.

¿QUÉ ES UN LENGUAJE DE PROGRAMACIÓN TURING COMPLETO?

Al ser una "totalidad computacional virtualizada" que se replica a sí misma, en todos y cada uno de los dispositivos computacionales que la conforman, Ethereum es "ubicua". De este modo, se puede concebir como un Computador Universal que tiene como objetivo, establecer nuevas normativas legales entre los humanos que estén regidas por la lógica, la eficiencia, la precisión y sin la presencia del dolo; en una frase: Ethereum, es la Ley 4.0.

Como todo computador, Ethereum utiliza un Software que es Turing Completo, lo cual, significa que puede "programar todo". Un *Lenguaje de Programación es Turing Completo,* cuando contiene todas las *Herramientas* para poder simular una *Máquina de Turing;* esto quiere decir que, en principio, el *Lenguaje* contiene todas las *Instrucciones Lógicas* que resuelven cualquier *Problema Computacional.*

La gran mayoría de los *Lenguajes de Programación de Propósito General* en la actualidad como, por ejemplo: *Java, C, C ++ y Python,* son *Turing Completo.* HTML, el *Lenguaje de Marcado* para la *Internet* y el lenguaje SQL, de "dominio específico" para *Bases de Datos,* no son *Turing Completo;* lo cual, quiere decir que lenguajes como *Java, C, C ++* y *Python,* contienen todas las *Herramientas*

Lógicas que un *Programador* necesita para resolver cualquier *Problema Computacional, en Ethereum.*

Esta es otra de las diferencias radicales entre *Bitcoin* y *Ethereum;* si bien, ambas *plataformas* y *criptomonedas*, tienen en común el haber sido desarrolladas con base en la *Tecnología Blockchain;* en el caso de *Bitcoin*, el *Lenguaje de Programación* que utiliza y se llama *Bitcoin Script, no es Turing Completo.* Se trata de una *Secuencia de Comandos* que permite *programar* ciertas *acciones* en la *Criptomoneda,* mas, dichas *instrucciones* sólo son *tomadas, interpretadas* y *ejecutadas*, en el momento en el cual, alguno de los *Usuarios* activa un *Nodo de la Red.*

Por su parte, los *Lenguajes de Programación* que se utilizan en *Ethereum* y que llevan por nombre: *Solidity* y *Vyper*, sí son *Turing Completo;* así, la gran mayoría de los *Contratos Inteligentes* se programan en *Solidity*, en tanto *Vyper* que también se utiliza para *Contratos Inteligentes,* es un lenguaje de programación más nuevo y por lo tanto "experimental".

En *Bitcoin*, el lenguaje de programación *Bitcoin Script*, codifica las *Transacciones*, así como los *bloqueos en los Hash* y no es *Turing Completo;* por cuanto, carece de la *Instrucción* para crear *Loops* que el programador utiliza para que el autómata repita muchas veces, una determinada *Operación* que ejecuta una *Acción.* En el caso de los *Contratos Inteligentes,* los *Loops* le otorgan "ejecución propia"; lo cual, le permite a la *Plataforma Ethereum,* por ejemplo, pagar una nómina, emitir recibos y facturas o gestionar una votación.

CONTRATOS INTELIGENTES

El término *Smart Contract* que al castellano traduce "Contrato Inteligente", se utilizó por primera vez en el año 1997 y fue el Ingeniero, Jurista y Criptógrafo estadounidense Nick Szabo, quien así lo hizo; en virtud de llevar cuanto él mismo denomina como "las prácticas altamente evolucionadas" del Derecho Contractual, al "Comercio Electrónico entre extraños". Recordemos cómo *Blockchain*, es una tecnología que se aplica en el desarrollo de plataformas virtualizadas que funcionan como un *Libro Público y Distribuido de Transacciones Contables*. No se trata, pues, de si *Bitcoin* es "mejor" o "peor" que *Ethereum* como *Criptomonedas,* dado que son dos *Filosofías de Desarrollo* muy diferentes; en el *Bitcoin*, la ausencia de *Loops* la hace una implementación libre de *Spam, Recargas en la Red* y *Bugs*, con lo cual, se incrementa su "Seguridad Financiera", hasta convertirlo en un "lingote de oro criptográfico".

A diferencia de *Bitcoin, Ethereum* no es una aplicación financiera diseñada con un único objetivo y en lugar de "evitar problemas", por así decirlo, se los "busca". *Solidity,* es un lenguaje de programación *Turing Completo* y de *Propósito General* que sirve para programar, literalmente: "de todo". De nuevo, es gracias a la *Máquina Universal de Turing* cómo es posible *registrar*, *ejecutar* y sobre todo, "hacer valer" los *Contratos Inteligentes,* en cualquier *Caso de Uso.*

Gracias a los *Loops, Solidity* amplía sus *Casos de Uso* y así, es el *Lenguaje de Propósito General de la Plataforma Ethereum.* Es, además, un lenguaje bastante parecido a *JavaScript,* así que se puede aprender junto con este mismo que es uno de los lenguajes más importantes en la actualidad, en el ámbito de las *Ciencias de la Computación.*

En el caso del *Spam*, la *Plataforma Ethereum* lo resuelve con el cobro de los *Fees* por cada *Operación*, adicional al precio del *Gas* que es el coste que tiene acceder a los *Recursos de la Plataforma* para realizar una *Operación;* como crear un *Token* o la *ejecución* de un *Contrato Inteligente* que, con una sola *instrucción*, ha de tener un "menor coste en Gas" que la *ejecución* de otro, con diez *instrucciones.*

Ethereum, es también un *Libro Mayor de Contabilidad, Público e Incorruptible,* basado en la *Tecnología Blockchain* que a diferencia del *Bitcoin*, puede utilizarse para *Programar Tareas* que permitan no sólo *registrar*, sino además *ejecutar operaciones* de diversa índole. Estas tareas, son pequeños *programas informáticos* que se almacenan en el interior de la *Blockchain de Ethereum* y que permiten, por ejemplo, "contener" un pago, hasta cuando se ejecute una "acción" o "suspender" una "acción", si una "función" también se suspende.

Con un *Contrato Inteligente,* se programan acciones lógicas del tipo "si-sólo-si"; es decir, "si yo te compro la casa", el *Pago* por la misma, deberá esperar hasta cuando yo mismo, además de *verificar* la "existencia física" de la casa, meta mi llave en la cerradura y ésta misma funcione. "Si-sólo-si" todas estas *tareas* se cumplen, apenas yo abra la puerta de la casa y el *sensor* capte que *estoy dentro* con mi propia *llave*, el *Contrato Inteligente en la Blockchain de Ethereum,* ha de ejecutar el *Pago de la Casa.*

Si mi *Licencia de Conducir* que en términos computacionales es una *Función*, se vence; de inmediato el *Contrato Inteligente* que tiene mi auto, sale de fábrica y está en la *Blockchain de Ethereum,* impide que el motor se encienda; dado que "si-sólo-si", mi *Licencia de Conducir* está vigente, puedo encender y conducir mi auto.

Los *Contratos Inteligentes* son muy confiables, gracias a las propiedades intrínsecas de la *Tecnología Blockchain,* como lo son:

- La **Inmutabilidad de la Información**: Una vez los *Datos*, estén contenidos en la *Blockchain*, no pueden ser alterados; así, una vez creado un *Contrato Inteligente,* nunca más podrá ser *interpolado, modificado* o *falsificado.*

- **Arquitectura Distribuida**: Hace que el *Contrato Inteligente,* sea resguardado y validado por los millones de ordenadores y dispositivos que pertenecen a la *Red Blockchain;* con esto, la manipulación del *Contrato Inteligente* es una "imposibilidad física".

Ethereum, fue la primera plataforma *Blockchain,* diseñada especialmente para *Programar, Contener, Resguardar* y *Ejecutar* todo tipo de *Contratos Inteligentes;* implementa un *Lenguaje de Programación,* especialmente creado que, además, es *Turing Completo,* utiliza una *Sintaxis* similar al *JavaScript* y se llama *Solidity.*

LA INTERNET
DEL DINERO

Ethereum, es sencillamente el paso siguiente en el avance de la Tecnología Blockchain; al igual que Bitcoin, genera una base de datos de la cual, todos quienes integran la Red, tienen una copia, mas, es innovadora al presentar la Funcionalidad de elaborar y ejecutar Contrataciones que a diferencia de las que tradicionalmente conocemos:

1. **Se "auto-ejecutan"**: No se necesita de la intervención de un tercero, como un *Notario* para validar que el acuerdo entre las partes se haya dado por cumplido, el *Contrato* es lo suficientemente *inteligente* como para determinarlo.

2. **Tienen una Existencia Digital**: Dentro de lo que vendría a ser la "Cadena de Bloques" o *Blockchain* que lo contiene y por decirlo de algún modo, le da "vida".

3. Más que "Contratos", **serán Agentes Virtuales Inteligentes** que han de regular los *Procesos de Intercambio y Comercio* entre los Humanos.

Ethereum, es una *Plataforma Blockchain sin Funcionalidades Específicas* que, a través de los *Contratos Inteligentes,* le permite a cada *Usuario*, construir sus propias *Funcionalidades* sobre una muy robusta *Tecnología de Pagos*. *Bitcoin,* es a *Valor* y *Riqueza* lo que *Ethereum* es a *Comercio* y *Eficiencia*.

Más que establecer un *Mecanismo Universal de Contratación,*

Ethereum fue pensada como una *Segunda Capa de Abstracción;* donde se pueden programar *Agentes Inteligentes* que transitan por toda la *Cadena de Bloques,* a fin de crear una *Actividad Legal y Comercial* que al final del día, es cuanto "da vida" a un *Ecosistema.*

Otro objetivo de *Ethereum*, consiste en incorporar la mayor cantidad, sino todas las *Operaciones Financieras* que se realizan hasta el momento en el Mundo Real, clonarlas y depurarlas dentro de la *Cadena de Bloques.* Así como *Bitcoin* se ha convertido en el *Dinero de Internet* que funciona con independencia de la ubicación del usuario, el objetivo de *Ethereum*, se enfoca en llegar a ser la *Internet del Dinero;* al conformar un *Ecosistema de Contratos entre Personas* que puede ser acoplado a la *Cadena de Bloques.*

Si el *Bitcoin* se puede asemejar al *Oro, Ethereum* sería comparable al *Petróleo.* Como *Fuente de Almacenamiento de Riqueza y Valor, Bitcoin* no tiene igual, además de ser una muy rentable inversión a muy largo plazo. Por su parte, *Ethereum* es el *Motor Computacional Universal* de una nueva *Economía*, donde las personas han de acoplar sus propios *Protocolos de Comercio y Jurisprudencia* y donde el *Éter,* es la *Unidad Monetaria y de Valor* que *Energizará* todo el *Sistema.*

ETHEREUM VIRTUAL MACHINE -EMV

Bitcoin no es una plataforma, tampoco una empresa; es, sencillamente una aplicación, un "software" que ejecuta y almacena sus Datos en una Red Blockchain. Por su parte, Ethereum sí es una plataforma, basada en la Tecnología Blockchain; en este caso "abierta", dado que trabaja según la filosofía del Software Libre y la Ética Hacker.

El objetivo de Ethereum se enfoca en permitirle a los desarrolladores, crear y luego implementar cualquier tipo de Aplicación Descentralizada; sea bien una *Criptomoneda*, *Videojuegos*, *Contratos Inteligentes*, *Valores* y un amplio etcétera. Las Aplicaciones se ejecutan, además, en la propia Red Blockchain de Ethereum; interactúan entre ellas y se benefician de todas las ventajas que presta la Arquitectura Distribuida y Persona-a-Persona de la Tecnología Blockchain.

Con Ethereum, no hace falta crear una cadena de bloques "desde cero"; sería poco menos que insensato, **la Blockchain de Ethereum** es, al día de hoy, la más testeada y segura, además de ser la Tecnología Matriz de Blockchains como Golem y NEO, entre muchas otras. Bitcoin, es básicamente un Protocolo Informático que aplica una Función Logaritmo, con robustos Atributos Deflacionarios; no obstante, Ethereum va mucho más allá de su Criptomoneda, el Éter.

Blockchain es para el Bitcoin, algo similar a cuanto el Internet "representa" para el correo electrónico; es decir, Blockchain es el "Medio" por donde "fluye" Bitcoin y en el caso de la Blockchain de Ethereum, además de su Criptomoneda el Éther, "fluyen" otras aplicaciones que funcionan como Agentes Económicos y Jurídicos Inteligentes. Lo más importante, es que tengas completamente claro cómo **Bitcoin es un Caso de Uso de Blockchain** y su primera implementación. Sin embargo, Bitcoin no será la única implementación de la Tecnología Blockchain que ha de existir.

Hasta el advenimiento de Ethereum, el desarrollo de una Base de Datos y una Red Blockchain requería de una experiencia personal bastante compleja que, además, se pudiese integrar a un equipo; donde todos sus integrantes, tendrían el común denominador de ser especialistas Transdisciplinares. Del mismo modo, el desarrollo de "una Blockchain" conlleva un arduo trabajo de programación informática, integrada a la matemática y la criptografía; a fin de lograr capacidades que van desde la votación electrónica, hasta la creación y transferencia de formas criptodinerarias, activos financieros y registros de propiedad.

Ethereum, es la Blockchain que se creó "pensando" en todo lo antes expuesto y le brinda al día de hoy a los Desarrolladores de todo el planeta, las mejores herramientas para programar sus propias aplicaciones descentralizadas, a ser implementadas dónde ellos mismos así lo consideren pertinente.

Es muy importante también que nunca olvides cómo un "Contrato Inteligente" es, sencillamente, una frase que describe un Código Informático que permite el intercambio de Valor en una nueva Internet del Dinero. **Dentro de la Cadena de Bloques de Ethereum, un Contrato Inteligente se convierte en un Programa Informático de Autoejecución**, en ciertas condiciones muy bien especificadas; de allí, la connotación de "inteligente".

Otra gran diferencia entre el uso de la tecnología en el pasado siglo XX y las actuales Tecnologías Exponenciales, en este caso Blockchain, consiste en que ahora, las *prestaciones* de los computadores no estarán "restringidas". Pongamos un ejemplo cercano y concreto: Las consolas de videojuegos como el PlayStation, el Wii y el Xbox, son también computadores que tienen una Unidad Central de Procesamiento de Datos -CPU, una Unidad de Almacenamiento -Memoria-, una Fuente de Poder, una Memoria RAM; no obstante, los fabricantes las "limitan" para que sólo puedan cumplir con el "propósito exclusivo de jugar".

Ethereum será como una gran consola de creatividad informática; donde en lugar de estar restringidos a un conjunto limitado de operaciones, los Desarrolladores y espero que uno de ellos seas tú mismo, podrán "crear todo aquello que deseen".

Hasta la llegada de Ethereum, las aplicaciones de Blockchain eran también limitadas; Bitcoin, por ejemplo, sólo puede operar como Moneda Digital entre Pares. Ethereum, es una modalidad de expansión del conjunto de funciones y prestaciones de Bitcoin que su creador, el señor Vitalik Buterin, integró con los postulados de Alan Turing, para dar paso en nuestra realidad, a una impresionante Máquina Virtual.

La Ethereum Virtual Machine -EVM-, por sus siglas en inglés, es un Software Turing Completo que se ejecuta en la Red Ethereum y si bien, tiene su propio Lenguaje de Programación, permite además que los Desarrolladores puedan crear y ejecutar cualquier tipo de Programa, desde cualquier Lenguaje de Programación que sea Turing Completo.

La Ethereum Virtual Machine -EVM-, hace que crear aplicaciones en Blockchain e incluso Plataformas y Comunidades, dependa ahora más de una buena y visionaria Metodología que de un costoso equipo local de Científicos de Datos, Desarrolladores y Especialistas.

Así como el señor Alan Turing, en pleno apogeo del periodo mecanicista de la industria, legó a la humanidad una Máquina Virtual que resuelve todos los problemas computacionales; en la actualidad, es el señor Vitalik Buterin quien, con su impresionante genio, nos entrega en Ethereum, una Blockchain Universal que nos permite crear aplicaciones de toda índole y propósito, en lugar de tener que programar una cadena de bloques original y "desde cero" para caso de uso que se presente.

Ethereum es la Blockchain del Todo y para Todo que permite el desarrollo de potencialmente millones de aplicaciones y modos diferentes de interpretar e implementar Blockchain. Además, cualquier servicio centralizado que implique el uso del Poder de Cómputo, puede ser descentralizado con Ethereum; desde servicios muy cercanos a nosotros y hasta "obvios" como los Seguros y Créditos, hasta el registro de Títulos de Educación y Sistemas Mundializados de Votación.

Con todo esto, Ethereum no es "mejor" que Bitcoin; son dos implementaciones yuxtapuestas y mutuamente complementarias de una misma Tecnología que al final, dará paso a un nuevo Sistema de Producción Mundial que debemos comenzar a Imaginar desde ya.

SOBRE EL AUTOR

Iván Calderón. Bucaramanga, Colombia. 3 de marzo de 1970.

Formación Académica:

- Historiador, Mención: Historia Universal. Universidad Central de Venezuela -UCV. Caracas, Venezuela.

- Cine y Televisión. FUNDACINE-UC, Universidad de Carabobo -UC. Valencia, Venezuela

- Programador. Fundación Universidad de Carabobo FUNDAUC. Valencia, Venezuela.

- Artes Visuales, Dramaturgia y Medios Audiovisuales. Centro Universitario de Arte -CUDA, Universidad de los Andes -ULA. Mérida-Venezuela.

- Especialista en Publicidad y Mercadeo. Decanato de Postgrado, Universidad "Santa María" -USM, Caracas-Venezuela.

- Técnico Superior en Publicidad y Mercadeo. Instituto Universitario de Nuevas Profesiones -IUNP. Valencia, Venezuela.

- Técnico Especialista en Redes, Internetworking Basic. Instituto de Capacitación Empresarial I.C.E. INSIDENET GROUP-KTC. Caracas Venezuela.

- Pedagogo. Instituto Nacional de Cooperación Educativa -INCE. Caracas, Venezuela.

Formación Artística:

- Dibujo y Pintura. Escuela de Arte "Arturo Michelena". Ateneo de Valencia. Valencia, Venezuela.

- Cine y Televisión, FUNDACINE-UC, Universidad de Carabobo -UC. Valencia, Venezuela. Escuela Nacional de Cine y Televisión, Universidad de Los Andes -ULA. Mérida, Venezuela.

- Diseño Gráfico y Artes Visuales. Centro Universitario de Arte -CUDA, Universidad de Los Andes -ULA. Mérida, Venezuela

Carrera Profesional:

- Dibujante y Animador de Cortometrajes para Cine, en el Departamento de Cine de la Universidad de Los Andes –ULA, en Mérida, Venezuela.

- Asistente de Investigación y Fotógrafo FreeLancer, del Instituto de Investigaciones del Folklore y la Cultura Popular Andina, de la Facultad de Humanidades y Educación de la Universidad de Los Andes –ULA, en Mérida, Venezuela.

- Ejecutivo de Mercadeo en el Área de Retail y Supervisor Nacional de Imagen Corporativa, para toda la Fuerza de Ventas Externa –Agentes Autorizados- de Telcel-Bellsouth de Venezuela. Especializado en Productos y Servicios en Telecomunicaciones: Telefonía Móvil Celular, Proveedor de Servicios de Internet –ISP y Enlaces T1. Caracas, Venezuela.

- Fundador, Investigador y Microempresario en Tecnologías GNU-Linux. Empresa Apogee System de Venezuela. Dedicada a la implementación de Herramientas de Software Libre/GNU-Linux, en el Sector Petroquímico, así como al desarrollo de Metodologías y Tecnologías Educativas y para el desarrollo Micro-empresarial. Valencia, Venezuela.

- Como Artista FreeLancer, residí de manera legal en Suiza por 5 años; durante el año 2013, en Zúrich tuve con-

tacto de primera mano con la Tecnología Blockchain –
Ethereum- y desde entonces investigo por cuenta propia
en el ámbito de la Creación de Criptovalores.

• Al día de hoy, soy Investigador Independiente en Tecnologías Exponenciales y en Ciencia de Datos; en tanto trabajo como Trader Independiente en el Mercado Mundial de Divisas FOREX.